Dieses Maxi Pixi gehört:

In dieser Maxi-Pixi-Serie »Leo Lausemaus« sind außerdem erschienen:

- Leo Lausemaus träumt schön
- Leo Lausemaus will helfen
- Leo Lausemaus erlebt eine Überraschung

Wir produzieren nachhaltig
- Klimaneutrales Produkt
- Papiere aus nachhaltigen und kontrollierten Quellen
- Hergestellt in Deutschland

FSC® www.fsc.org MIX Papier | Fördert gute Waldnutzung FSC® C008457

Maxi Pixi Nr. 322

Dami International, a brand of Giunti Publishing Group
www.giunti.it
Illustrationen von Marco Campanella
Originaltext: Anna Casalis
Herstellung: Derya Yildirim
ISBN 978-3-551-03235-5

www.pixi.de

Leo Lausemaus

großer Traum

CARLSEN

Mit Bauklötzen spielen, das liebt Leo Lausemaus über alles. Gerade hat er noch an seiner prächtigen Burg gebaut. Teddy sitzt davor und mit dem kleinen Topf, den er auf seinem Kopf trägt, sieht er doch wie ein richtiger Ritter aus …
Aber was macht Leo denn jetzt? Er steht an der Messlatte. Hier kann er nachmessen, wie groß er schon ist …

»Mama, ich bin groß genug. Ich kann jetzt in den Kindergarten gehen!«, ruft Leo. Die Mama lächelt. »Ja, ich sehe, dass du gewachsen bist, aber du wirst noch einmal schlafen müssen. In den Kindergarten kannst du erst morgen gehen.«

Oh, das passt Leo Lausemaus aber gar nicht, denn alle seine Freunde sind schon im Kindergarten. Die Mama beruhigt ihn. »Wenn du jetzt schnell einschläfst, kannst du ja vielleicht schon einmal vom Kindergarten träumen, du Lausemaus!«
Leo findet: »Das ist eine prima Idee.« Dann bekommt er noch einen Gutenachtkuss, und du glaubst gar nicht, wie rasch Leo einschläft …

Und? Ja, sieh nur! Leo Lausemaus träumt tatsächlich vom Kindergarten … und von seinen Freunden. Sie singen Lieder, malen Bilder und dann kommt das Beste: Leo rutscht zum ersten Mal auf der großen Rutsche.

Leo Lausemaus

Der kleine Arzt

Jeden Morgen, wenn die Mama Leo zum Kindergarten bringt, verabschieden sich die beiden herzlich voneinander. Leo weiß, die Mama geht zur Arbeit, aber am Nachmittag kommt sie wieder und holt ihn ab. »Tschüss, meine kleine Lausemaus, hab einen schönen Tag!«, wünscht die Mama. Leo drückt die Mama und sagt: »Das wünsche ich dir auch!«

A
C

Heute dürfen die Kinder im Kindergarten etwas ganz Besonderes spielen: Berufe raten, und dazu verkleiden sich alle. Hugo wird natürlich Feuerwehrmann, Tessa will eine große Entdeckerin sein, Fipsi findet, dass sie eine hübsche Schauspielerin ist.
Und was macht Leo?

Er trägt einen weißen Kittel und untersucht Teddy. Genau, Leo will Arzt werden.

Als Leo am Abend in seinem Bettchen liegt, denkt er noch mal an sein Spiel im Kindergarten. »Arzt zu sein, hat richtig Spaß gemacht!«, meint er und schaut Teddy zufrieden an. »Das war ein schöner Tag! Wer weiß, wem ich morgen helfen kann!«

Leo Lausemaus

feiert Geburtstag

Der kleine Leo Lausemaus hat bald Geburtstag und ist deshalb schon mächtig aufgeregt.
Jeden Abend beim Abendessen will Leo wissen:
»Wie viele Male muss ich denn noch schlafen gehen, bis ich endlich Geburtstag habe?«

»Nur noch vier Mal, du Lausemaus!«, sagt Papa.

Leo ist enttäuscht. »Das dauert aber noch lange …«

Heute ist es endlich so weit: Leo hat Geburtstag. Schnell springt er aus seinem Bettchen, denn er ist schon so gespannt, was er wohl geschenkt bekommt.

»Toll, ein Auto zum Fahren!«, jubelt Leo. »Das habe ich mir schon so lange gewünscht!«

Damit muss Leo unbedingt sofort eine Runde drehen. Schnell setzt er noch seine Schwester Lili dazu. Und schon geht's los …

Selbstverständlich geht Leo Lausemaus auch heute an seinem Geburtstag in den Kindergarten. Seine Freunde warten schon auf ihn. Fipsi, das Hasenmädchen, hat für Leo ein Herz gemalt.

Alle seine Freunde singen für ihn ein Geburtstagslied … Leo Lausemaus erzählt, dass er ein richtiges Auto bekommen hat. »Kommt doch heute alle zu mir, dann könnt ihr auch einmal damit fahren!«, bietet Leo seinen Freunden an.

Alle Freunde sind gekommen und jeder darf mit Leos Auto fahren. Das macht hungrig und durstig: Gut, dass Mama einen Kuchen gebacken hat. Danach werden noch viele lustige Spiele gespielt. Sieh nur, wie glücklich Leo ist.